CODES SECRETS

À *DÉCHIFFRER*

Un livre pour les futurs détectives !

Éditions Rawsky

RÈGLES DU JEU

Afin de t'entraîner à devenir le meilleur des détectives, tu devras déchiffrer les cinquante codes secrets que contient ce livre.

À chaque page, des explications t'aideront à comprendre comment décoder le code qui suit.

Tous les codes mis ensemble forment une petite histoire. Il t'appartiendra d'élucider le mystère de cette histoire en fin de livre (après les solutions).

N'hésite pas à demander de l'aide auprès d'un adulte si tu n'arrives pas à résoudre un code secret en particulier.

Nous te souhaitons beaucoup d'amusement durant ces séances de décryptage !

☞ CODE SECRET N°1 ☞

ALPHABET INVERSÉ

Les lettres de l'alphabet sont ici inversées. Aide-toi du tableau pour déchiffrer le code secret qui suit.

A	B	C	D	E	F	G	H	I	J	K	L	M	N	O	P	Q	R	S	T	U	V	W	X	Y	Z
Z	Y	X	W	V	U	T	S	R	Q	P	O	N	M	L	K	J	I	H	G	F	E	D	C	B	A

Code secret :

OFXZH VHG IVMGIV WV O'VXLOV GIVH GZIW SRVI.

Signification :____

ALPHABET INVERSÉ

Les lettres de l'alphabet sont ici encore inversées. Aide-toi du tableau pour déchiffrer le code secret qui suit.

A	B	C	D	E	F	G	H	I	J	K	L	M	N	O	P	Q	R	S	T	U	V	W	X	Y	Z
Z	Y	X	W	V	U	T	S	R	Q	P	O	N	M	L	K	J	I	H	G	F	E	D	C	B	A

Code secret :

RO ZEZRG WV OZ YLFV HFI OVH XSZFHHFIVH.

Signification : ____

☞ CODE SECRET N°3 ☞

A = T

Voici un nouvel alphabet de codage. Aide-toi du tableau pour déchiffrer le code secret qui suit.

A	B	C	D	E	F	G	H	I	J	K	L	M	N	O	P	Q	R	S	T	U	V	W	X	Y	Z
T	U	V	W	X	Y	Z	A	B	C	D	E	F	G	H	I	J	K	L	M	N	O	P	Q	R	S

Code secret :

WTGL LHG VTKMTUEX LX MKHNOTBM NGX IXMBMX UHBMX.

Signification :_______________________________________

A = T

Aide-toi du tableau pour déchiffrer le code secret qui suit.

A	B	C	D	E	F	G	H	I	J	K	L	M	N	O	P	Q	R	S	T	U	V	W	X	Y	Z
T	U	V	W	X	Y	Z	A	B	C	D	E	F	G	H	I	J	K	L	M	N	O	P	Q	R	S

Code secret :

LT FTFTG OHNENM E'HNOKBK.

Signification :____

☞ CODE SECRET N°5 ☞

A = 1

À chaque lettre de l'alphabet correspond cette fois un chiffre ou un symbole. Aide-toi du tableau pour déchiffrer le code secret qui suit.

A	B	C	D	E	F	G	H	I	J	K	L	M	N	O	P	Q	R	S	T	U	V	W	X	Y	Z
1	2	3	4	5	6	7	8	9	*	@	#	/	\	<	>	{	}	°	[	]	€	$	&	=	+

Code secret :

/19° #]31° #'5\ 49°°]141.

Signification :____

🖝 CODE SECRET N°6 🖝

A = 1

Aide-toi du tableau pour déchiffrer le code secret qui suit.

A	B	C	D	E	F	G	H	I	J	K	L	M	N	O	P	Q	R	S	T	U	V	W	X	Y	Z
1	2	3	4	5	6	7	8	9	*	@	#	/	\	<	>	{	}	°	[	]	€	$	&	=	+

Code secret :

`#5  /59##5]}  1/9  45  #]31°  °'1>>5##5  25\<9[.`

Signification :____

☞ CODE SECRET N°7 ☞

ÉCRITURE EN MIROIR

Le code suivant est écrit en utilisant l'écriture en miroir. Pour le décoder, place ton livre devant un miroir puis lis le message.

Code secret :

BENOIT EST LUI AUSSI RENTRÉ TRÈS TARD HIER.

Signification :____

☞ CODE SECRET N°8 ☞

ÉCRITURE EN MIROIR

Le code suivant est également écrit en utilisant l'écriture en miroir. Pour le décoder, place ton livre devant un miroir puis lis le message.

Code secret :

LA MAÎTRESSE LES A POURTANT VU QUITTER L'ÉCOLE À L'HEURE HABITUELLE.

Signification : ____

☞ CODE SECRET N°9 ☞

A = G

Voici un nouvel alphabet de codage. Aide-toi du tableau pour déchiffrer le code secret qui suit.

A	B	C	D	E	F	G	H	I	J	K	L	M	N	O	P	Q	R	S	T	U	V	W	X	Y	Z
G	H	I	J	K	L	M	N	O	P	Q	R	S	T	U	V	W	X	Y	Z	A	B	C	D	E	F

Code secret :

IKRG LGOZ ZXUOY PUAXY WA'OR VRKAZ.

Signification :____

☞ CODE SECRET N°10 ☞

A = G

Aide-toi du tableau pour déchiffrer le code secret qui suit.

A	B	C	D	E	F	G	H	I	J	K	L	M	N	O	P	Q	R	S	T	U	V	W	X	Y	Z
G	H	I	J	K	L	M	N	O	P	Q	R	S	T	U	V	W	X	Y	Z	A	B	C	D	E	F

Code secret :

TUAY YUSSKY VUAXZGTZ KT SGO.

Signification :____

☞ CODE SECRET N°11 ☞

A = W

Voici un nouvel alphabet de codage. Aide-toi du tableau pour déchiffrer le code secret qui suit.

A	B	C	D	E	F	G	H	I	J	K	L	M	N	O	P	Q	R	S	T	U	V	W	X	Y	Z
W	X	Y	Z	A	B	C	D	E	F	G	H	I	J	K	L	M	N	O	P	Q	R	S	T	U	V

Code secret :

HW BAPA ZAO IANAN AOP LKQN XEAJPKP.

Signification : ____

CODE SECRET N°12

A = W

Aide-toi du tableau pour déchiffrer le code secret qui suit.

A	B	C	D	E	F	G	H	I	J	K	L	M	N	O	P	Q	R	S	T	U	V	W	X	Y	Z
W	X	Y	Z	A	B	C	D	E	F	G	H	I	J	K	L	M	N	O	P	Q	R	S	T	U	V

Code secret :

HW IWIWJ ZA HQYWO WHHW PNKQRAN HW IWIWJ ZA XAJKEP.

Signification : ____

☞ CODE SECRET N°13 ☞

A = M

Voici un nouvel alphabet de codage. Aide-toi du tableau pour déchiffrer le code secret qui suit.

A	B	C	D	E	F	G	H	I	J	K	L	M	N	O	P	Q	R	S	T	U	V	W	X	Y	Z
M	N	O	P	Q	R	S	T	U	V	W	X	Y	Z	A	B	C	D	E	F	G	H	I	J	K	L

Code secret :

QXXQ MBBDUF CGQ NQZAUF QFMUF XGU MGEEU
DQZFDQ XQE OTMGEEGDQE BXQUZQE PQ NAGQ.

Signification :____

____

A = M

Aide-toi du tableau pour déchiffrer le code secret qui suit.

A	B	C	D	E	F	G	H	I	J	K	L	M	N	O	P	Q	R	S	T	U	V	W	X	Y	Z
M	N	O	P	Q	R	S	T	U	V	W	X	Y	Z	A	B	C	D	E	F	G	H	I	J	K	L

Code secret :

UX QFMUF FAGF FDQYBQ.

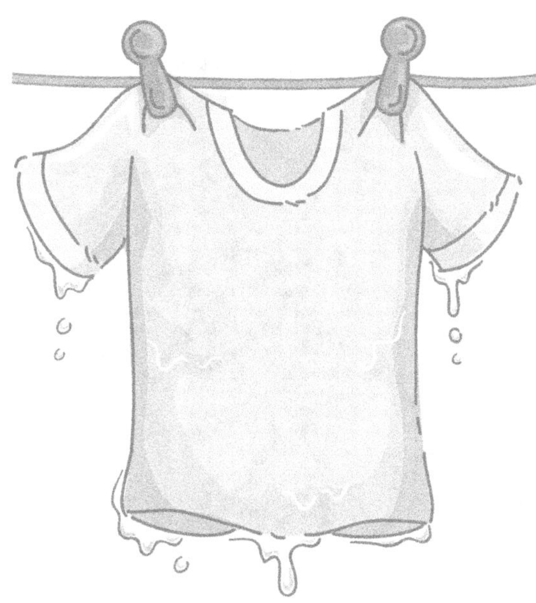

Signification : ____

☞ CODE SECRET N°15 ☞

A = K

Voici un nouvel alphabet de codage. Aide-toi du tableau pour déchiffrer le code secret qui suit.

A	B	C	D	E	F	G	H	I	J	K	L	M	N	O	P	Q	R	S	T	U	V	W	X	Y	Z
K	L	M	N	O	P	Q	R	S	T	U	V	W	X	Y	Z	A	B	C	D	E	F	G	H	I	J

Code secret :

SV K CYBDS EXO LYSDO NO CYX MKBDKLVO.

Signification : ____

☞ CODE SECRET N°16 ☞

A = K

Aide-toi du tableau pour déchiffrer le code secret qui suit.

A	B	C	D	E	F	G	H	I	J	K	L	M	N	O	P	Q	R	S	T	U	V	W	X	Y	Z
K	L	M	N	O	P	Q	R	S	T	U	V	W	X	Y	Z	A	B	C	D	E	F	G	H	I	J

Code secret :

ZESC SV OCD WYXDO NKXC CK MRKWLBO.

Signification : ____

☞ CODE SECRET N°17 ☞

TEXTE INVERSÉ

Le code suivant est écrit en utilisant l'écriture inversée. Pour le décoder, lis le message en partant de la droite vers la gauche.

Code secret :

.REM AL ED SÈRP TNETIBAH TIONEB TE SACUL

Signification :_______________________________________

☞ CODE SECRET N°18 ☞

TEXTE INVERSÉ

Le code suivant est lui aussi écrit en utilisant l'écriture inversée. Pour le décoder, lis le message en partant de la droite vers la gauche.

Code secret :

.XUE ZEHC ED SERTÈMOLIK 4 À EVUORT ES EGALP EILOJ ENU

Signification : ____

☞ CODE SECRET N°19 ☞

LETTRES INVERSÉES

Le code suivant est écrit en utilisant cette fois des lettres inversées. Les mots sont donc placés dans l'ordre, mais chaque mot se lira individuellement de droite à gauche.

Code secret :

SLI TNEMIA RELLA REGAN NE .ÉTÉ

Signification :____

☞ CODE SECRET N°20 ☞

LETTRES INVERSÉES

Le code suivant est ici aussi écrit en utilisant des lettres inversées. Les mots sont donc placés dans l'ordre, mais chaque mot se lira individuellement de droite à gauche.

Code secret :

UAE'L ED AL REM TSE .ERIALC

Signification :____

☞ CODE SECRET N°21 ☞

A = U

Voici un nouvel alphabet de codage. Aide-toi du tableau pour déchiffrer le code secret qui suit.

A	B	C	D	E	F	G	H	I	J	K	L	M	N	O	P	Q	R	S	T	U	V	W	X	Y	Z
U	V	W	X	Y	Z	A	B	C	D	E	F	G	H	I	J	K	L	M	N	O	P	Q	R	S	T

Code secret :

MOL FU JFUAY MY NLIOPYHN XY VYUOR WIKOCFFUAYM.

Signification :____

☞ CODE SECRET N°22 ☞

A = U

Aide-toi du tableau pour déchiffrer le code secret qui suit.

A	B	C	D	E	F	G	H	I	J	K	L	M	N	O	P	Q	R	S	T	U	V	W	X	Y	Z
U	V	W	X	Y	Z	A	B	C	D	E	F	G	H	I	J	K	L	M	N	O	P	Q	R	S	T

Code secret :

IH NLIOPY JULZICM XYM WLUVYM YHNLY FYM LIWBYLM.

Signification : ____

A = P

Voici un nouvel alphabet de codage. Aide-toi du tableau pour déchiffrer le code secret qui suit.

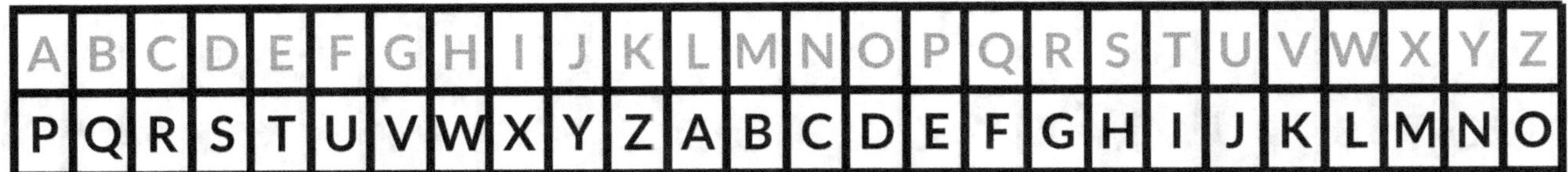

Code secret :

ATH TPJM HDCI IGTH EDXHHDCCTJHTH.

Signification : ____

A = P

Aide-toi du tableau pour déchiffrer le code secret qui suit.

A	B	C	D	E	F	G	H	I	J	K	L	M	N	O	P	Q	R	S	T	U	V	W	X	Y	Z
P	Q	R	S	T	U	V	W	X	Y	Z	A	B	C	D	E	F	G	H	I	J	K	L	M	N	O

Code secret :

EAJHXTJGH RWTBXCH TMXHITCI EDJG HT GTCSGT ST
AP GDJIT P AP EAPVT.

Signification : ____

____

A = B

Voici un nouvel alphabet de codage. Aide-toi du tableau pour déchiffrer le code secret qui suit.

A	B	C	D	E	F	G	H	I	J	K	L	M	N	O	P	Q	R	S	T	U	V	W	X	Y	Z
B	C	D	E	F	G	H	I	J	K	L	M	N	O	P	Q	R	S	T	U	V	W	X	Y	Z	A

Code secret :

UPVT DFT DIFNJOT TPOU UFSSF.

Signification :____

☞ CODE SECRET N°26 ☞

A = B

Aide-toi du tableau pour déchiffrer le code secret qui suit.

A	B	C	D	E	F	G	H	I	J	K	L	M	N	O	P	Q	R	S	T	U	V	W	X	Y	Z
B	C	D	E	F	G	H	I	J	K	L	M	N	O	P	Q	R	S	T	U	V	W	X	Y	Z	A

Code secret :

EF CFBVY BSCSFT KPODIFOU DFT DIFNJOT.

Signification :____

CODE SECRET N°27

MOTS INVERSÉS

Les mots sont ici simplement inversés. La phrase se lit donc de droite à gauche tout en lisant chaque mot de gauche à droite comme on en a l'habitude.

Code secret :

DESSINER. ET PEINDRE AIMENT BENOIT ET LUCAS

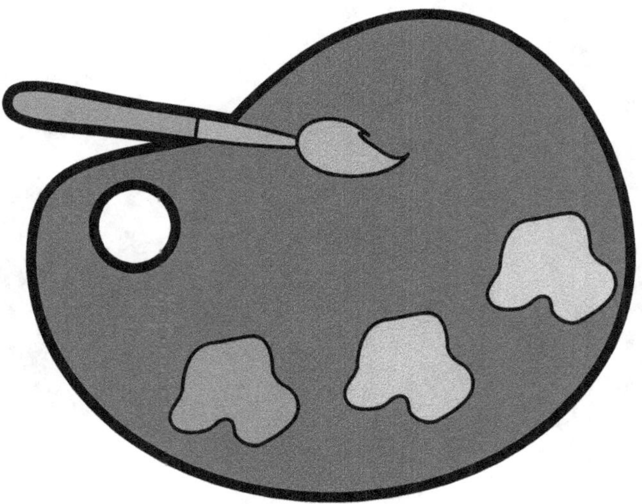

Signification :____

MOTS INVERSÉS

Les mots sont ici aussi simplement inversés. La phrase se lit donc de droite à gauche tout en lisant chaque mot de gauche à droite comme on en a l'habitude.

Code secret :

L'ÉCOLE. À PEINDRE À APPRIS ONT ILS

Signification : ____

☞ CODE SECRET N°29 ☞

A = Y

Voici un nouvel alphabet de codage. Aide-toi du tableau pour déchiffrer le code secret qui suit.

A	B	C	D	E	F	G	H	I	J	K	L	M	N	O	P	Q	R	S	T	U	V	W	X	Y	Z
Y	Z	A	B	C	D	E	F	G	H	I	J	K	L	M	N	O	P	Q	R	S	T	U	V	W	X

Code secret :

ZCLMGR YGKC CEYJCKCLR ZPGAMJCP.

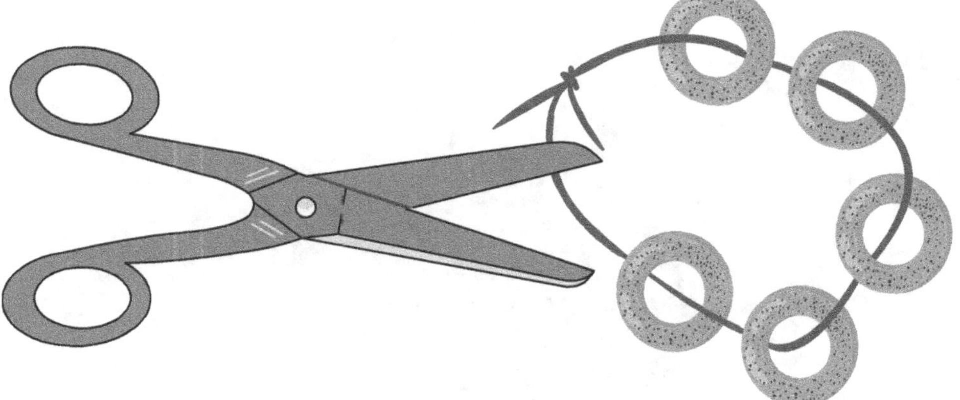

Signification :____________________________________

CODE SECRET N°30 ☞

A = Y

Aide-toi du tableau pour déchiffrer le code secret qui suit.

A	B	C	D	E	F	G	H	I	J	K	L	M	N	O	P	Q	R	S	T	U	V	W	X	Y	Z
Y	Z	A	B	C	D	E	F	G	H	I	J	K	L	M	N	O	P	Q	R	S	T	U	V	W	X

Code secret :

J'YLLCC BCPLGCPC GJ MDDPGR SL ZCYS ZPYACJCR Y QY KCPC JC HMSP BC QY DCRC.

Signification : ____

A = N

Voici un nouvel alphabet de codage. Aide-toi du tableau pour déchiffrer le code secret qui suit.

A	B	C	D	E	F	G	H	I	J	K	L	M	N	O	P	Q	R	S	T	U	V	W	X	Y	Z
N	O	P	Q	R	S	T	U	V	W	X	Y	Z	A	B	C	D	E	F	G	H	I	J	K	L	M

Code secret :

PR OENPRYRG RGNVG QR PBHYRHE OYRHR.

Signification :___________________________________

☞ CODE SECRET N°32 ☞

A = N

Aide-toi du tableau pour déchiffrer le code secret qui suit.

A	B	C	D	E	F	G	H	I	J	K	L	M	N	O	P	Q	R	S	T	U	V	W	X	Y	Z
N	O	P	Q	R	S	T	U	V	W	X	Y	Z	A	B	C	D	E	F	G	H	I	J	K	L	M

Code secret :

YHPNF, YHV, BSSEVG HA QRFFVA N FN ZNZNA.

Signification : ____

☞ CODE SECRET N°33 ☞

A = S

Voici un nouvel alphabet de codage. Aide-toi du tableau pour déchiffrer le code secret qui suit.

A	B	C	D	E	F	G	H	I	J	K	L	M	N	O	P	Q	R	S	T	U	V	W	X	Y	Z
S	T	U	V	W	X	Y	Z	A	B	C	D	E	F	G	H	I	J	K	L	M	N	O	P	Q	R

Code secret :

UW VWKKAF JWHJWKWFLSAL MF HAWV VW YWSFL.

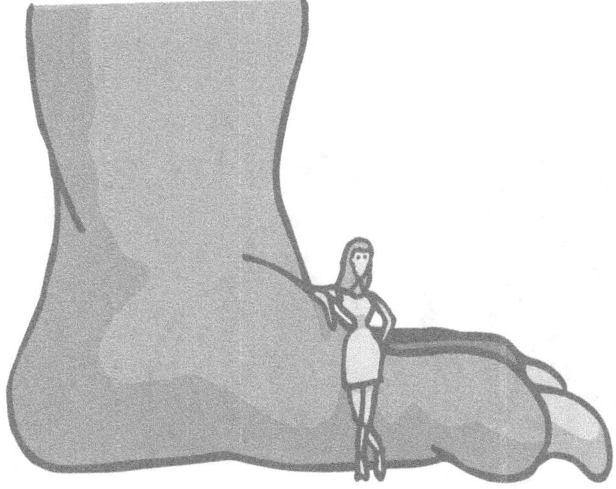

Signification :____

☞ CODE SECRET N°34 ☞

A = S

Aide-toi du tableau pour déchiffrer le code secret qui suit.

A	B	C	D	E	F	G	H	I	J	K	L	M	N	O	P	Q	R	S	T	U	V	W	X	Y	Z
S	T	U	V	W	X	Y	Z	A	B	C	D	E	F	G	H	I	J	K	L	M	N	O	P	Q	R

Code secret :

MFW XWEEW KW LJGMNSAL SHHMQWW VWKKMK.

Signification : ___________________________________

☞ CODE SECRET N°35 ☞

A = @

À chaque lettre de l'alphabet correspond ici un chiffre ou un symbole. Aide-toi du tableau pour déchiffrer le code secret qui suit.

A	B	C	D	E	F	G	H	I	J	K	L	M	N	O	P	Q	R	S	T	U	V	W	X	Y	Z
@	#	/	\	<	>	{	}	°	[	]	€	$	&	=	+	*	1	2	3	4	5	6	7	8	9

Code secret :

2@ $@$@& @\=1@ /< /@\<@4.

Signification :____

☞ CODE SECRET N°36 ☞

A = @

Aide-toi du tableau pour déchiffrer le code secret qui suit.

A	B	C	D	E	F	G	H	I	J	K	L	M	N	O	P	Q	R	S	T	U	V	W	X	Y	Z
@	#	/	\	<	>	{	}	°	[	]	€	$	&	=	+	*	1	2	3	4	5	6	7	8	9

Code secret :

€4/@2   €4°   \°3   *4'°€   €4°   =>>1°1@°3   *4<€*4<
/}=2<   \'<&/=1<   +€42   #<@4   €'@&&<<   24°5@&3<.

Signification :____

____

A = V

Voici un nouvel alphabet de codage. Aide-toi du tableau pour déchiffrer le code secret qui suit.

A	B	C	D	E	F	G	H	I	J	K	L	M	N	O	P	Q	R	S	T	U	V	W	X	Y	Z
V	W	X	Y	Z	A	B	C	D	E	F	G	H	I	J	K	L	M	N	O	P	Q	R	S	T	U

Code secret :

DG VQVDO YZEV PIZ DYZZ ZI OZOZ.

Signification :____

☞ CODE SECRET N°38 ☞

A = V

Aide-toi du tableau pour déchiffrer le code secret qui suit.

A	B	C	D	E	F	G	H	I	J	K	L	M	N	O	P	Q	R	S	T	U	V	W	X	Y	Z
V	W	X	Y	Z	A	B	C	D	E	F	G	H	I	J	K	L	M	N	O	P	Q	R	S	T	U

Code secret :

NJI VHD WZIJDO ZOVDO GZ NZPG V NVQJDM YZ LPJD
DG N'VBDNNVDO.

Signification : _______________________________________

____

A = H

Voici un nouvel alphabet de codage. Aide-toi du tableau pour déchiffrer le code secret qui suit.

A	B	C	D	E	F	G	H	I	J	K	L	M	N	O	P	Q	R	S	T	U	V	W	X	Y	Z
H	I	J	K	L	M	N	O	P	Q	R	S	T	U	V	W	X	Y	Z	A	B	C	D	E	F	G

Code secret :

ILUVPA AYVBCHPA S'PKLL MHIBSLBZL.

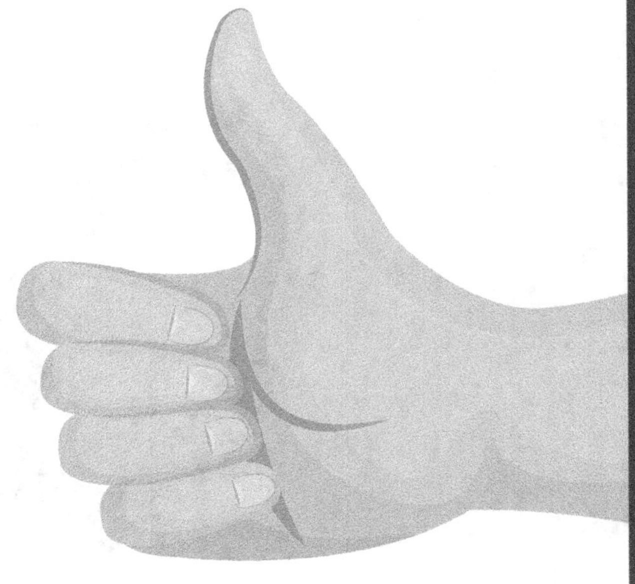

Signification : ___________________________________

☞ CODE SECRET N°40 ☞

A = H

Aide-toi du tableau pour déchiffrer le code secret qui suit.

A	B	C	D	E	F	G	H	I	J	K	L	M	N	O	P	Q	R	S	T	U	V	W	X	Y	Z
H	I	J	K	L	M	N	O	P	Q	R	S	T	U	V	W	X	Y	Z	A	B	C	D	E	F	G

Code secret :

PS HPTH ALSSLTLUA S'PKLL XB'PS KLJPKH KL MHPYL SH TLTL JOVZL.

Signification : ____

A =

À chaque lettre de l'alphabet correspond ici un chiffre ou un symbole. Aide-toi du tableau pour déchiffrer le code secret qui suit.

A	B	C	D	E	F	G	H	I	J	K	L	M	N	O	P	Q	R	S	T	U	V	W	X	Y	Z
#	/	\	<	>	{	}	°	[	]	€	$	&	=	+	*	1	2	3	4	5	6	7	8	9	@

Code secret :

[$3 >52>=4 $> 4>&*3 <> *>#5{[=>2 $>52 [<>>.

Signification :______________________________________

☞ CODE SECRET N°42 ☞

A =

À chaque lettre de l'alphabet correspond ici aussi un chiffre ou un symbole. Aide-toi du tableau pour déchiffrer le code secret qui suit.

A	B	C	D	E	F	G	H	I	J	K	L	M	N	O	P	Q	R	S	T	U	V	W	X	Y	Z
#	/	\	<	>	{	}	°	[	]	€	$	&	=	+	*	1	2	3	4	5	6	7	8	9	@

Code secret :

&#[3   [$3   3+=4   4+534   <>58   <5   }>=2>   #*2+\2#34[=>2.

Signification : ____

☞ CODE SECRET N°43 ☞

A = I

Voici un nouvel alphabet de codage. Aide-toi du tableau pour déchiffrer le code secret qui suit.

A	B	C	D	E	F	G	H	I	J	K	L	M	N	O	P	Q	R	S	T	U	V	W	X	Y	Z
I	J	K	L	M	N	O	P	Q	R	S	T	U	V	W	X	Y	Z	A	B	C	D	E	F	G	H

Code secret :

TM BMUXA XIAAM DQBM MB T'IVVMM ACQDIVBM IZZQDI ZIXQLMUMVB.

Signification :____

____

A = I

Aide-toi du tableau pour déchiffrer le code secret qui suit.

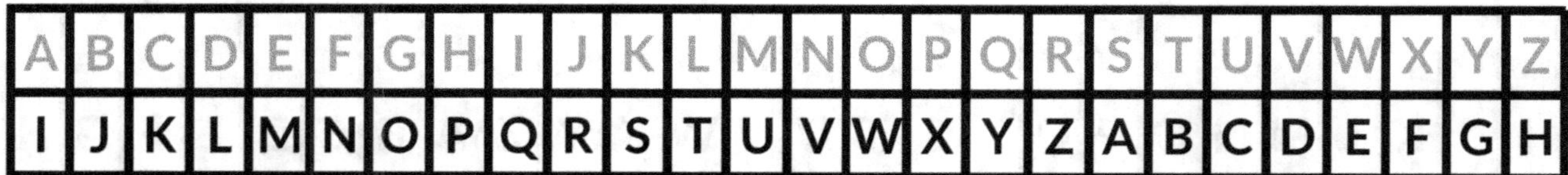

Code secret :

XCQA TM RWCZ XZMKMLMVB TI NMBM LMA UMZMA IZZQDI I AWV BWCZ.

Signification : ____

____

☞ CODE SECRET N°45 ☞

A = O

Voici un nouvel alphabet de codage. Aide-toi du tableau pour déchiffrer le code secret qui suit.

A	B	C	D	E	F	G	H	I	J	K	L	M	N	O	P	Q	R	S	T	U	V	W	X	Y	Z
O	P	Q	R	S	T	U	V	W	X	Y	Z	A	B	C	D	E	F	G	H	I	J	K	L	M	N

Code secret :

ZSG QORSOIL B'SHOWSBH DOG SBQCFS DFSHG.

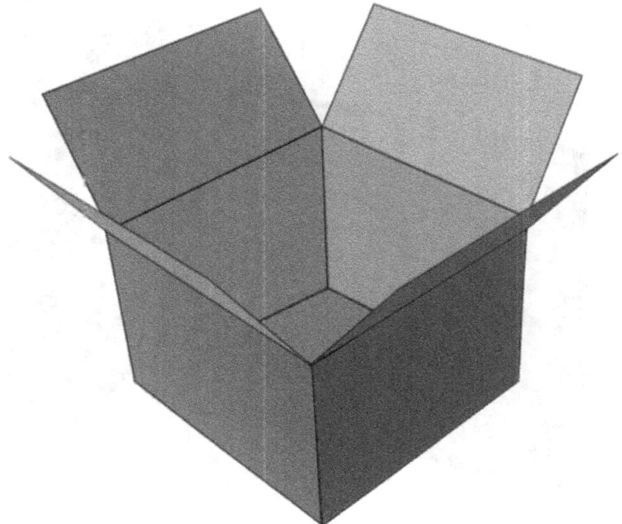

Signification :_____________________________________

☞ CODE SECRET N°46 ☞

A = O

Aide-toi du tableau pour déchiffrer le code secret qui suit.

A	B	C	D	E	F	G	H	I	J	K	L	M	N	O	P	Q	R	S	T	U	V	W	X	Y	Z
O	P	Q	R	S	T	U	V	W	X	Y	Z	A	B	C	D	E	F	G	H	I	J	K	L	M	N

Code secret :

HCIH RSJOWH SHFS DFSH OIXCIFR'VIW.

Signification : _______________________________________

☞ CODE SECRET N°47 ☞

A = D

Voici un nouvel alphabet de codage. Aide-toi du tableau pour déchiffrer le code secret qui suit.

A	B	C	D	E	F	G	H	I	J	K	L	M	N	O	P	Q	R	S	T	U	V	W	X	Y	Z
D	E	F	G	H	I	J	K	L	M	N	O	P	Q	R	S	T	U	V	W	X	Y	Z	A	B	C

Code secret :

OXFDV HW EHQRLW GXUHQW GRQF VH GHSHFKHU.

Signification : ____

☞ CODE SECRET N°48 ☞

A = D

Voici un nouvel alphabet de codage. Aide-toi du tableau pour déchiffrer le code secret qui suit.

A	B	C	D	E	F	G	H	I	J	K	L	M	N	O	P	Q	R	S	T	U	V	W	X	Y	Z
D	E	F	G	H	I	J	K	L	M	N	O	P	Q	R	S	T	U	V	W	X	Y	Z	A	B	C

Code secret :

LOV VH UHXQLUHQW DSUHV O'HFROH SRXU SUHSDUHU OHXU FDGHDX.

Signification : ____

____

A = Q

Voici un nouvel alphabet de codage. Aide-toi du tableau pour déchiffrer le code secret qui suit.

A	B	C	D	E	F	G	H	I	J	K	L	M	N	O	P	Q	R	S	T	U	V	W	X	Y	Z
Q	R	S	T	U	V	W	X	Y	Z	A	B	C	D	E	F	G	H	I	J	K	L	M	N	O	P

Code secret :

JEKJ IU TUHEKBQ SECCU IKH TUI HEKBUJJUI.

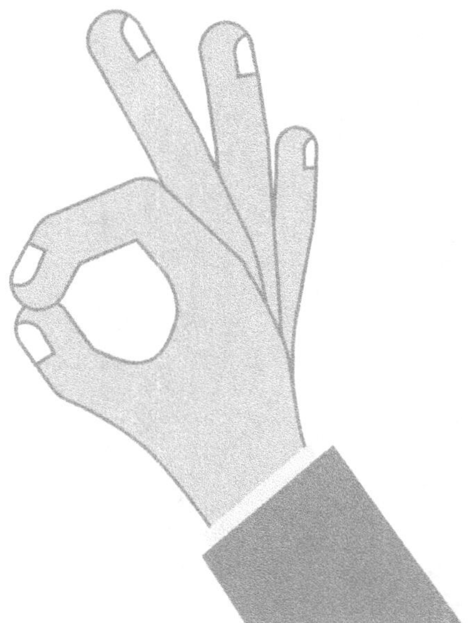

Signification :____

A = Q

Aide-toi du tableau pour déchiffrer le code secret qui suit.

A	B	C	D	E	F	G	H	I	J	K	L	M	N	O	P	Q	R	S	T	U	V	W	X	Y	Z
Q	R	S	T	U	V	W	X	Y	Z	A	B	C	D	E	F	G	H	I	J	K	L	M	N	O	P

Code secret :

BUKHI SQTUQKN VKHUDJ FHUJI TQDI BUI JUCFI.

Signification : ____

SOLUTIONS

☞ SOLUTIONS ☞

CODE SECRET N°1 :

Lucas est rentré de l'école très tard hier.

CODE SECRET N°2 :

Il avait de la boue sur les chaussures.

CODE SECRET N°3 :

Dans son cartable se trouvait une petite boîte.

CODE SECRET N°4 :

Sa maman voulut l'ouvrir.

CODE SECRET N°5 :

Mais Lucas l'en dissuada.

CODE SECRET N°6 :

Le meilleur ami de Lucas s'appelle Benoit.

☞ SOLUTIONS ☞

CODE SECRET N°7 :

Benoit est lui aussi rentré très tard hier.

CODE SECRET N°8 :

La maîtresse les a pourtant vu quitter l'école à l'heure habituelle.

CODE SECRET N°9 :

Cela fait trois jours qu'il pleut.

CODE SECRET N°10 :

Nous sommes pourtant en mai.

CODE SECRET N°11 :

La fête des mères est pour bientôt.

CODE SECRET N°12 :

La maman de Lucas alla trouver la maman de Benoit.

☞ SOLUTIONS ☜

CODE SECRET N°13 :

Elle apprit que Benoit était lui aussi rentré les chaussures pleines de boue.

CODE SECRET N°14 :

Il était tout trempé.

CODE SECRET N°15 :

Il a sorti une boîte de son cartable.

CODE SECRET N°16 :

Puis il est monté dans sa chambre.

CODE SECRET N°17 :

Lucas et Benoit habitent près de la mer.

CODE SECRET N°18 :

Une jolie plage se trouve à 4 kilomètres de chez eux.

☞ SOLUTIONS ☞

CODE SECRET N°19 :

Ils aiment aller nager en été.

CODE SECRET N°20 :

L'eau de la mer est claire.

CODE SECRET N°21 :

Sur la plage se trouvent de beaux coquillages.

CODE SECRET N°22 :

On trouve parfois des crabes entre les rochers.

CODE SECRET N°23 :

Les eaux sont très poissonneuses.

CODE SECRET N°24 :

Plusieurs chemins existent pour se rendre de la route à la plage.

☞ SOLUTIONS ☞

CODE SECRET N°25 :

Tous ces chemins sont en terre.

CODE SECRET N°26 :

De beaux arbres jonchent ces chemins.

CODE SECRET N°27 :

Lucas et Benoit aiment peindre et dessiner.

CODE SECRET N°28 :

Ils ont appris à peindre à l'école.

CODE SECRET N°29 :

Benoit aime également bricoler.

CODE SECRET N°30 :

L'année dernière il offrit un beau bracelet à sa mère le jour de sa fête.

☞ SOLUTIONS ☞

CODE SECRET N°31 :

Ce bracelet était de couleur bleue.

CODE SECRET N°32 :

Lucas, lui, offrit un dessin à sa maman.

CODE SECRET N°33 :

Ce dessin représentait un pied de géant.

CODE SECRET N°34 :

Une femme se trouvait appuyée dessus.

CODE SECRET N°35 :

Sa maman adora ce cadeau.

CODE SECRET N°36 :

Lucas lui dit qu'il lui offrirait quelque chose d'encore plus beau l'année suivante.

☞ SOLUTIONS ☞

CODE SECRET N°37 :

Il avait déjà une idée claire en tête.

CODE SECRET N°38 :

Son ami Benoit était le seul à savoir de quoi il s'agissait.

CODE SECRET N°39 :

Benoit trouvait l'idée fabuleuse.

CODE SECRET N°40 :

Il aima tellement l'idée qu'il décida de faire la même chose.

CODE SECRET N°41 :

Ils eurent le temps de peaufiner leur idée.

CODE SECRET N°42 :

Mais ils sont tous deux du genre à procrastiner.

☞ SOLUTIONS ☞

CODE SECRET N°43 :

Le temps passe vite et l'année suivante arriva rapidement.

CODE SECRET N°44 :

Puis le jour précédent la fête des mères arriva à son tour.

CODE SECRET N°45 :

Les cadeaux n'étaient pas encore prêts.

CODE SECRET N°46 :

Tout devait être prêt aujourd'hui.

CODE SECRET N°47 :

Lucas et Benoit durent donc se dépêcher.

CODE SECRET N°48 :

Ils se réunirent après l'école pour préparer leur cadeau.

☞ SOLUTIONS ☜

CODE SECRET N°49 :

Tout se déroula comme sur des roulettes.

CODE SECRET N°50 :

Leurs cadeaux furent prêts dans les temps.

☞ HISTOIRE ☞

Selon toi, quel est le cadeau que Lucas et Benoit ont chacun offert à leur maman pour la fête des mères ?
Et pourquoi sont-ils rentrés si tard de l'école avec de la boue sur les chaussures ?

Il n'existe ni bonne, ni mauvaise réponse. Libre à toi d'inventer ta propre histoire en te basant sur les éléments que tu connais.

Réponse :____

____

____

____

____

____

____

____

____

____

____

DE LA MÊME

COLLECTION...

DISPONIBLE SUR AMAZON AUX EDITIONS R. ÉDUCATIVES :

POUR LES PETITS ET LES GRANDS : APPRENEZ À MIEUX AR-TI-CU-LER

Réalisation et mise en page

Éditions Rawsky

Spécialistes de l'impression en GROS caractères

www.ingramcontent.com/pod-product-compliance
Lightning Source LLC
Chambersburg PA
CBHW081229130726
47997CB00009B/2823